VENTE APRÈS DÉCÈS

DE

M. MARCHETTI, Artiste-Peintre

# BON MOBILIER

## ANCIEN ET MODERNE

TABLEAUX — AQUARELLES

**Dessins modernes**

## ÉTOFFES — COSTUMES ANCIENS

*Costumes militaires — Armes*

**BRONZES — OBJETS DIVERS — LIVRES**

TENTURES — TAPIS

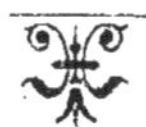

# CATALOGUE

D'UN

# BON MOBILIER ANCIEN ET MODERNE

## GRANDES CHEMINÉES EN BOIS SCULPTÉ

EN PARTIE DES XV$^{e}$ ET XVI$^{e}$ SIÈCLES

COFFRES, BANQUETTES ET PANNEAUX EN BOIS SCULPTÉ

## TABLEAUX — AQUARELLES

***Dessins Modernes***

Par

BOURDINI, HERNANDEZ, INNOCENTI, MARCHETTI, VILLÉGAS, ETC., ETC.

**Bronzes d'art et d'ameublement. — Appareils électriques**

## ARMES ET COSTUMES MILITAIRES

ET AUTRES

ÉTOFFES ANCIENNES — TENTURES — TAPIS

*Objets divers — Livres*

MOBILIER COURANT

VENTE PAR SUITE DU DÉCÈS

De M. MARCHETTI, Artiste-Peintre

## HOTEL DROUOT, SALLE N° 1

**Les Vendredi 4 et Samedi 5 Février 1910, à deux heures**

---

COMMISSAIRE-PRISEUR

M$^{e}$ E. **BOUDIN**, 14, rue de la Grange-Batelière

EXPERTS

| **MM. PAULME et B. LASQUIN Fils** | **M. J. MEYNIAL, Libraire** |
| --- | --- |
| 10, rue Chauchat \| 11, rue Grange-Batelière | 30, boulevard Haussmann |

PARIS

*Chez lesquels se trouve le présent Catalogue*

---

EXPOSITION PUBLIQUE

**Le Jeudi 3 Février 1910, Salle N° 1, de 1 h. 1/2 à 5 h. 1/2**

## CONDITIONS DE LA VENTE

Elle sera faite au comptant.

Les adjudicataires paieront *dix pour cent* en sus des enchères.

L'exposition mettant le public à même de se rendre compte de l'état et de la nature des objets, il ne sera admis aucune réclamation une fois l'adjudication prononcée.

Me **BOUDIN** se réserve la faculté de diviser les lots pour la vente.

Paris. — Imp. de l'Art, Ch. Berger, 41, rue de la Victoire.

# DÉSIGNATION

## TABLEAUX, AQUARELLES

### DESSINS, GRAVURES

1 — BOURDINI. Vue de Butry. Petite étude. Signée et datée : *Butry, 98*.

2 — HERNANDEZ (D.). Soldat mauresque tenant un sabre. Aquarelle. Signée et datée : *Roma, 82*.

3 — INNOCENTI. Nègre soulevant une draperie rouge. Petit panneau. Signé.

4 — MARCHETTI ET INNOCENTI. Étude d'un monument. Petit panneau. Signé.

5 — MARCHETTI. Trompette, soldat du temps de Louis XIII. Aquarelle. Signée.

6 — MARCHETTI. Douze dessins. Croquis au lavis et crayon.

7 — Marchetti. Environ quinze pièces. Eaux-fortes.

8 — Marchetti. Six aquarelles. Sépia et dessin. Croquis divers : Vues de Paris et autres.

9 — Marchetti. Lot d'études : paysages, portraits, etc., sur panneau et toile.

10 — Marchetti. Sous ce numéro, seront vendus de nombreux dessins, aquarelles, croquis divers. (Sera divisé.)

11 — Villégas. Soldat Louis XIII en cuirasse. Aquarelle. Signée.

12 — Lot d'estampes anciennes : Portraits, vues du château de Blois, costumes des XVI^e et XVII^e siècles et vues de paysages.

12 *bis* — Le Jugement universel. Gravure allemande du XVIII^e siècle.

# BRONZES, CUIVRES, CUIRS
## OBJETS DIVERS

13 — La Ceinture dorée. Statuette en bronze patiné. Signée : *P. d'Épinay*, Rome.

14 — Paire de flambeaux en bronze patiné et ajouré.

15 — Brûle-parfum en bronze ciselé et ajouré du Japon.

16 — Ibis en bronze, grandeur nature.

17 — Brûle-parfum chinois en bronze patiné, de forme rectangulaire.

18 — Autre brûle-parfum en bronze japonais.

19 — Deux grandes statuettes de guerriers chinois à cheval en bronze patiné.

20 — Grande lampe de mosquée à pied en cuivre ciselé, gravé et finement ajouré. Travail turc.

21 — Lustre électrique, à quatre lumières, en cuivre découpé et repoussé.

22 — Sous ce numéro, plusieurs appareils électriques : lampes, plafonniers, etc.

23 — Chaudron, aiguière et lampe juive en cuivre.

24 — Service à thé, deux légumiers, une saucière, un plat long et un rond en métal.

25 — Un pichet en étain.

26 — Suspension de salle à manger en cuivre poli de style Renaissance et deux appliques semblables.

27 — Lanterne orientale en cuivre ajouré, avec tige en fer forgé.

28 — Coffret rectangulaire en cuir gaufré, à fond partiellement doré, orné de ferrures découpées et brunies. Style du XVIe siècle.

29 — Coffret rectangulaire en cuir ciselé, orné de ferrures. XVIe siècle.

30 — Cuvette et plat en ancienne faïence hispano-mauresque.

31 — Grand vase à fleurs en verre émaillé.

32 — Trois vases à fleurs en verre fondu, de couleurs différentes.

33 — Grand vase en faïence de Satzuma, à décor d'oiseaux et personnages.

34 — Quatre instruments de musique à cordes.

35 — Pot de cuir de Cordoue.

36 — Selles d'homme et femme en cuir pour cheval, avec support en bois.

---

# MEUBLES, SIÈGES

## BOIS SCULPTÉS

37 — Grande cheminée gothique, en partie ancienne, en bois sculpté, à fenestrages et écussons.

38 — Très grande cheminée, de style gothique, en bois sculpté, avec parties ajourées sur fond de toile peinte en bleu et fleurs de lys jaune.

39 — Grand coffre en bois sculpté à rinceaux, écusson central flanqué de figures d'anges et de chiens. Italie, XVIIe siècle.

40 — Coffre en bois sculpté, à palmes et rinceaux. Époque Renaissance.

41 — Devant de coffre fait de cinq panneaux anciens, à fenestrages gothiques.

42 — Console italienne, avec glace, en bois sculpté doré. XVIIIe siècle.

43 — Table Renaissance italienne en bois sculpté.

44 — Grande stalle à colonnes en bois sculpté, en partie ancienne.

45 — Meuble à deux corps en bois richement sculpté, à fronton ajouré, cariatides d'hommes, figures d'enfant, etc. ; ouvre à abattant supérieur et deux portes inférieures.

46 — Grand coffre en cuir finement ciselé. Travail italien du XVII$^{e}$ siècle.

47 — Commode à trois tiroirs en bois de merisier. Époque Louis XV.

48 — Meuble flamand, à deux corps, en chêne sculpté, ouvrant à quatre portes et un tiroir médian.

49 — Meuble à pinceaux en chêne sculpté, à colonnes torses.

50 — Console, de style Louis XV, en bois sculpté, en partie doré; dessus de marbre jaune

51 — Bureau plat en noyer.

52 — Piano droit en palissandre, de *Jean Pert.*

53 — Petite armoire bretonne en bois sculpté, ouvrant à une porte.

54 — Lit breton en bois sculpté et ajouré.

55 — Lit en bois noir sculpté, à colonnes détachées et balustres.

56 — Table de salle à manger à allonges et dix chaises couvertes de cuir. Style Henri II.

57 — Grand lit de fer et cuivre avec sa literie.

58 — Pied-support en bois noir sculpté.

59 — Deux fauteuils en bois sculpté laqué blanc, couverts de soie blanche brochée à fleurs. Époque Louis XV.

60 — Quatre escabeaux en chêne sculpté. Style gothique.

61 — Six chaises de salle à manger en noyer sculpté et cuir gaufré. Style Henri II.

62 — Dix chaises semblables aux précédentes.

63 — Six chaises de salle à manger en noyer, sièges couverts de cuir et dossiers ajourés, à balustres.

64 — Chaise longue et quatre chaises en bois noir, couvertes de peluche verte.

65 — Fauteuil dit Dagobert en noyer sculpté et coussins de velours.

66 — Table de nuit et un pied-support en bois noir.

67 — Chaise et table légère, couvertes en étoffe bleue et peluche rouge.

68 — Canapé, deux chaises et un guéridon, bois sculpté en partie doré. Style Louis XV.

*

69 — Deux socles carrés en bois de fer, à dessus de marbre.

70 — Bibliothèque à trois corps en chêne.

71 — Porte-carton et un chevalet en bois noir.

72 — Trois chevalets et un support en bois ciré.

73 — Mannequin-support d'uniforme.

74 — Porte-carton à gravures, avec portefeuille en maroquin.

75 — Deux chevalets, dont un en bois noir et doré.

76 — Porte orientale en moucharabi.

77 — Rouet en bois tourné.

78 — Deux appliques en bois sculpté. Travail italien.

79 — Coffret en bois sculpté à rinceaux, base à godrons et quatre pieds-griffes. Style Henri II.

80 — Petit coffret en bois sculpté peint, décor de personnages.

81 — Coffret en cuir et acier.

82 — Vitraux ornés de blasons.

83 — Appareil de photographie et ses accessoires.

# ARMURES, ARMES

## HARNACHEMENT

84 — Armure allemande en fer; bouclier, hausse-col, etc.

85 — Grande épée à deux mains.

86 — Casque en acier de Michel.

87 — Casque de soldat à jugulaires mobiles.

88 — Casque cervelière.

89 — Casque avec mentonnière. (Modèle de *Viollet-le-Duc.*)

90 — Partie de cuirasse allemande, à braconnière et grandes tassettes à cannelures.

91 — Gantelets garnis de gants en peau.

92 — Brassards en acier.

93 — Épée ancienne.

94 — Hallebardes.

95 — Épée.

96 — Rapière avec garde en fer ajouré.

97 — Autre épée.

98 — Pulvérin en fer ajouré.

99 — Pulvérin en os sculpté.

100 — Heaume ancien.

101 — Petite armure en acier poli.

102 — Un lot d'éperons.

103 — Paire de genouillères en acier.

104 — Arbalète.

105 — Arquebuse.

106 — Fusil à pierres.

107 — Lot de yatagans, pistolets, couteaux de chasse, armes diverses.

108 — Trompette ancienne, avec pavillon fleurdelisé.

109 — Pied de narghilé en fer damasquiné.

110 — Lot d'étriers.

111 — Harnachement en cuir et cuivre.

112 — Fanions divers.

113 — Deux sacs en cuir, culotte de peau blanche et collet en peau jaune.

114 — Parure de cheval en velours rouge, avec application de broderies. XVIIe siècle.

---

# COSTUMES MILITAIRES
## ET AUTRES

### ÉTOFFES ANCIENNES — TAPIS

115 — Huit uniformes militaires, armes diverses : zouaves, chasseurs à cheval, infanterie bavaroise, garde suisse, etc.

116 — Un costume breton et une capeline en drap noir.

117 — Veste en velours violet brodé d'or et un manteau japonais en velours marron, brodé de métal et soie.

118 — Deux costumes de lansquenets en drap marron.

119 — Lot de costumes divers, orientaux et autres.

120 — Deux chapeaux d'homme Louis XIII, l'un orné de fleurs de lys.

121 — Veste à basque en peluche rouge brique.

122 — Costume d'homme complet en satin noir, à brandebourg d'argent.

123 — Un lot de manches en velours et satin de différentes couleurs.

124 — Lot de corsets et corsages en étoffes brodées et lamées.

125 — Panneau en soie couleur havane, avec broderie en soie de couleur et métal doré et argenté, avec écusson central.

126 — Robe en lampas bleu ciel. XVII^e siècle.

127 — Justaucorps en damas vert et jaune et velours. XVII^e siècle.

128 — Deux vestes-corselets et étoffe brochée, couleur verte. XVII^e siècle.

129 — Chasuble et étole en soie couleur mauve, lamée de métal et application de broderie. XVII^e siècle.

130 — Lot de coupons de soies unies et velours de différentes couleurs et anciens.

131 — Collet en velours de Gênes couleur marron, garni de galons d'or.

132 — Un lot de fragments en velours de Gênes, à grands ramages. xviie siècle.

133 — Grand coupon de brocatelle fond or, à arabesques et rinceaux lie de vin. xviie siècle.

134 — Petite jupe en brocart fond or, à ramages de fleurs en rouge.

135 — Tablier en soie verte et galonnée. Époque Louis XV.

136 — Costume de femme en soie jaune à fleurs et corsage de velours. Époque Louis XV.

137 — Manteau d'homme en damas rouge. xviiie siècle.

318 — Lot de franges anciennes en soie et velours.

139 — Lot de jupes en soie brochée Époques Louis XV et Louis XVI.

140 — Manteau en soie blanche brochée et brodée d'or. xviie siècle.

141 — Fort lot de culottes, gilets d'hommes, corsets, robes, etc., en soie, laine, etc. xviiie siècle.

142 — Lot de corsages, manches, gilets, culottes, etc., en soie et velours de couleur brodés. XVII^e et XVIII^e siècles.

143 — Lot de fragments de velours et soie, richement brodés et ornés d'application de broderie de métal et autre, tels que fleurs, rinceaux et blasons. XVII^e siècle.

144 — Petits panneaux de velours rouge, ornés chacun de trois panneaux en ancienne broderie au point de Hongrie.

145 — Manteau d'homme en velours gris et bandes de velours noir. Époque Louis XIII.

146 — Chasuble incomplète en brocatelle rouge et verte de velours. XVII^e siècle.

147 — Robe, comprenant corsage, jupe et un morceau de soie blanche brochée avec applications de riches broderies. XVII^e siècle.

148 — Chasuble en soie bleue tissée d'or XVII^e siècle.

149 — Costume de reître et une paire de grandes bottes en peau brodée. Époque Louis XIII

150 — Costume de toréador en soie violette richement brodée et application de passementerie en métal argenté.

151 — Lot de gants, chaussures anciennes et modernes, porte-épées, etc.

152 — Lot de coiffes, collets, manchons, etc.

153 — Dalmatique en velours rouge et damas jaune, brodé de métal. XVII<sup>e</sup> siècle.

154 — Chasuble avec étole en satin blanc, avec application de broderie de soie de couleurs et velours rouge. XVII<sup>e</sup> siècle.

155 — Chape en brocatelle blanche et de couleur, avec franges et galons d'or. XVIII<sup>e</sup> siècle.

156 — Deux bandes verticales en broderie de soie et métal : motifs à personnages. XVI<sup>e</sup> siècle.

157 — Bandeau en velours vert brodé de métal et soie à spirales. XVI<sup>e</sup> siècle.

158 — Panneau de soie de couleur saumon brodée et tissée d'or. XVII<sup>e</sup> siècle.

159 — Grand bandeau en ancien velours rouge, avec applications de broderies de soie et métal doré à rinceaux et armoirie. Fin du XVI<sup>e</sup> siècle.

160 — Bandeau en velours rouge, orné d'applications de broderie de soie et métal avec fleurs de lis. XVIIe siècle.

161 — Bandeau en velours rouge, avec applications de broderie de soie et métal à quatre médaillons et rinceaux. Fin du XVIIe siècle.

162 — Quatre panneaux anciens en broderie de soie de couleur. Travail chinois.

163 — Panneau chinois en broderie de laine et métal, orné de figures et oiseaux.

164 — Deux paires de rideaux en peluche rouge, garnis de passementerie.

165 — Deux bonnets anciens en étoffe brodée de soie, métal doré et paillettes et quatre en velours.

166 — Tapis de table en peluche bleue brodée.

167 — Cinq bandes en étoffe, dont trois en toile blanche brodée de laine bleue et rouge.

168 — Deux portières en imitation tapisserie et un lot de tentures diverses.

169 — Lot de franges et passementerie.

170 — Lot de cuir hollandais.

171 — Trois paires de rideaux de fenêtre et trois bandeaux en grosse toile gris bleu, avec application de galons.

172 — Tapis d'Aubusson, fond rose, orné au centre d'une couronne de fleurs et contrefond vert.

173 — Tapis moquette.

174 — Deux peaux d'ours blanc et lionne.

175 — Un lot de tapis rouges et moquette.

176 — Quatre carpettes orientales.

177 — Mobilier courant.

# LIVRES

178 — **L'Algérie** de nos jours, par Courtellemont; **Hollande et Hollandais**, par Durand; **Autour de Paris**, par Barcon; **Blois et ses environs.**

179 — **Auteurs classiques latins** (J. César, Virgile, etc.). Éditions anciennes.

180 — **Corneille** (Œuvres de). 1 vol. — **Chefs-d'œuvre** dramatiques du XVIIIe siècle. 1 vol.

181 — **Dictionnaire** de l'ameublement.

182 — **Les Saints Évangiles.** Traduction par l'abbé Glaire. Illustrations d'après les maîtres des XIVe, XVe et XVIe siècle. 2 vol.

183 — **Feyrabendius.** Insignia sacræ majestatis principum electorum ac aliquot illustrissimarum illustrium nobilium et aliarum familiarum, etc. Francofurti ad inœnum 1579. In-4°, fig. grav. sur bois, vélin.

184 — **France** (A.). Thaïs. Composition de Paul-Albert Laurens, gravures à l'eau-forte de Léon Boisson. *Paris, Lib. de la Collection des Dix, 1900.* In-8°, fig., br.

185 — **Fronsperger** (Léonhart). Kriegssbuch Ester Theyt von Kayserlichen Kriegt Rechten malesfitz und Schuldhandlen Dronung und Regiment Samptderselbigen unnd andern hoch odernideregen Bevelep Bestallung staht und Empter zu Rossz und Fusz an geschuk und Munition, etc. Franckfurt am-Mayn 1573. A la fin : Franckfurt am-Meijn Durck Martin Lecheler. In verlegung Signund Fenerabendts 1873. 2 tomes en 1 vol. in-fol., rel. peau de truie estampée.

186 — **Gottfrieds**. Historische Kronyck vervattende Een nawkrvrige en volkormene Besshrijvingh der aldergedenckavaerdeghste geschiedenissen des Weerelds, van den aenvangh der Scheppingh tot op't Jaer Christi 1576, Door Simon de Vries Leyden, 1702. 4 vol. in-fol., veau.

187 — **Hottenroth**. Le Costume. Les Armes. Les Ustensiles, objets, mobiliers, chez les peuples anciens et modernes. *Paris, Guirinet*. In-4° en cart.

188 — **Kugler Franz** Geschichte. Friedrichs des Groszer, 1876. 1 vol., Leipzig.

189 — **Léonard de Vinci.** Traité de la peinture. 1 vol. — **La Décoration.** Les chefs-d'œuvre, édité à Munich. 2 vol.

190 — **Lacroix.** Les Arts au Moyen âge et à l'époque de la Renaissance. *Paris, Didot, 1871.* 4 vol. in-4°, 62 chromos et 1,649 fig., demi-rel. chag. rouge, plats toile, fers spéciaux, tr. dor.

191 — **Mariani Carlo** : La Guerre de l'Indépendance italienne. 2 vol., 1882.

192 — **Marryat.** Histoire des Poteries, Faïences et Porcelaines. *Paris, Renouard, 1866.* 2 vol. in-8°, fig., demi-rel. chag. brun, tr. jasp.

193 — **Menzel** (Adolphe). Illustrations des œuvres de Frédéric-le-Grand. 2 vol.

194 — **Propos** de table de la vieille Alsace. 1 vol. Exemplaire portant le n° 436.

195 — **Quicherat.** Histoire du costume en France depuis les temps les plus reculés jusqu'à la fin du XVIIIe siècle. *Paris, Hachette, 1875.* Rel.

196 — **Viollet-le-Duc.** Dictionnaire raisonné du Mobilier français de l'époque carlovingienne à la Renaissance. *Paris, Morel, 1872.* 6 vol. in-8°, fig., demi-rel. chag. rouge, tête jasp.

197 — **Livres** sur les ordres religieux en Italie.

198 — **Livres divers** en lots.

199 — Objets non catalogués.

www.ingramcontent.com/pod-product-compliance
Ingram Content Group UK Ltd.
Pitfield, Milton Keynes, MK11 3LW, UK
UKHW022153260726
13993UKWH00005B/2343

9 782329 549279